# Inhalt

## Werkzeugmaschinen 2006 - Boomjahr mit neuen Herausforderungen für die Branche

Kernthesen

Beitrag

Fallbeispiele

Zahlen und Fakten

Weiterführende Literatur

Impressum

# Werkzeugmaschinen 2006 - Boomjahr mit neuen Herausforderungen für die Branche

*Autor GENIOS BranchenWissen: M.Klems*

## Kernthesen

- Der deutsche Werkzeugmaschinenbau glänzt mit einem dritten Wachstumsjahr in Folge.
- Trotz Globalisierung setzen die deutschen Werkzeugmaschinenbauer auf den Produktionsstandort Deutschland.
- Verbesserter Service und wartungsfreie Maschinen sind die Zukunftsherausforderungen der Branche.

- Zahlreiche Auslandsmärkte locken mit Investitionen und guten Wachstumszahlen.

## Beitrag

Für 2006 rechnet der deutsche Werkzeugmaschinenbau mit einem weiteren Produktionsanstieg von 2% auf 10,6 Mrd. Euro. Eine lebhafter gewordene Inlandsnachfrage, vor allem aus der Metallverarbeitung, pusht die Branche auch 2007. Die Auslandsmärkte schaffen dabei weiterhin Potenzial für Werkzeugmaschinen Made in Germany.

## Werkzeugmaschinenmarkt erhält Impulse durch starke Inlandsnachfrage

Mit einem dritten Wachstumsjahr in Folge präsentiert sich der Werkzeugmaschinenbau im Jahr 2006. Für 2006 rechnet die Branche mit einem Produktionsanstieg von 2% auf 10,6 Mrd. Euro. Dies bedeutet ein Wachstum von 16% in den vergangenen 3 Jahren. Für 2007 rechnen Branchenkenner mit einem weiteren Anstieg. Wie angenommen, hat dabei das Inland mit steigender Nachfrage die Zugkraft übernommen. Im ersten Halbjahr 2006 stiegen die

Inlandsbestellungen um 28%. Investitionen kommen aus dem Bereich der Metallverarbeitung. Rückgänge bei den Bestellungen verzeichnet die Branche bei der Automobilindustrie und deren Zulieferern. Deutschland konnte sich dabei weiter auf der Top Position behaupten. Hinter Japan, gefolgt von China, USA, Italien und Taiwan gehören deutsche Unternehmen zu den führenden Herstellern von zerspanenden Werkzeugmaschinen. (2), (6), (17), (18)

## Unternehmen setzen auf den heimischen Standort

Die Globalisierung hat den Werkzeugmaschinenbau bereits seit Jahren erfasst. Immer mehr Unternehmen haben aus dieser Branche die Expansion in das Ausland gewagt. Hier entstehen neue Standorte vor allem in Osteuropa, China und Indien. Dennoch setzen die Hersteller bei der Produktion auf die Heimatmärkte. Die Großen der Branche wie Bosch, Gildemeister, Leitz oder Niles-Simmons setzen auf den Standort Deutschland. Die Vorteile liegen für die Unternehmen in der Rechtssicherheit, einer soliden Infrastruktur sowie einem gut ausgebauten Lieferantennetzwerk. Trotz dieser Vorteile entsteht durch die für die Unternehmen günstigen Lohnbedingungen in Ländern wie Tschechien ein kontinuierlicher Druck auf Deutschland. Dabei sollte die Globalisierung als Chance und nicht als Bedrohung aufgefasst werden. Selbst wenn Ideen-Diebstahl und Plagiate den Unternehmen immer wieder zu schaffen machen. (1), (3)

## Harter Wettbewerb in der Branche führt zu Kooperationen

Trotz guter Zahlen fallen die Geschäfte im Werkzeugmaschinenbau nicht vom Himmel. Der Preisdruck in der Branche ist enorm, berichten Branchenkenner. Zur Schaffung von Synergien und zur Kostensenkung schließen sich die Unternehmen zu Technologiepartnerschaften zusammen. Mit dieser Strategie wollen die Unternehmen dem ruinösen Ausschreibungswettbewerb der Automobilindustrie entgegen wirken. Auf diese Weise werden nicht nur einzelne Maschinen verkauft, sondern die Firmengruppen können komplette Produktionslinien liefern. Dieser Schritt ist notwendig, denn die Branche ist mit einem 40% Anteil bei den Auftragseingängen immer noch im hohen Maße abhängig von der Automobilbranche. (4)

# High-End mit Bearbeitungszentren als Zukunftsmarkt

Waren es noch vor Jahren Standbohrer, einzelne Dreh- oder Fräsmaschinen die den Fortschritt der Werkzeugtechnik dokumentierten, so sind es heute komplexe Bearbeitungszentren die als High-End-Anwendungen die Werkzeugmaschinenhersteller zu Produzenten von Mini-Fabriken machen. Deutsche Unternehmen genießen in diesem Maschinensektor einen besonders guten Ruf. Die komplexe Entwicklung und Konstruktion von Bearbeitungszentren, beispielsweise für die Komplettbearbeitung eines Motorblocks, sind in der Automobilbranche stark gefragt. Den Deutschen Unternehmen wird in diesem Marktsegment auch in den kommenden Jahren weiter eine führende Rolle zugesprochen. Die Hauptkonkurrenten aus Italien haben mit strukturellen Problemen zu kämpfen. Wettbewerber aus Asien sind derzeit noch nicht technologisch in der Lage komplexe Bearbeitungszentren zu bauen. Bislang ist nur einfache Ware aus Fernost konkurrenzfähig. Hier meldet die Branche jedoch stagnierenden Umsatz. Die großen Chancen mit Bearbeitungszentren sind jedoch auch für die Unternehmen eine

Herausforderung. Der Ausfall eines Bearbeitungszentrums führt dabei schnell zu einem kompletten Produktionsausfall. Je komplexer die Maschine, desto höher das Risiko auch für die Hersteller der Zentren und damit die Nachfrage nach Komplettservice. (5), (15)

## Die Zukunft gehört dem Service

Meldungen führender Werkzeugmaschinenhersteller rücken das Service-Geschäft stärker in den Vordergrund. So erwirtschaftete die Gildemeister AG 30% des Gesamtumsatzes mit dem Servicegeschäft. Die Kunden wünschen laut Umfragen von den Herstellern eine ständig verfügbare Maschine. Hier wird vom Markt eine zu lange Wartzeit bei Instandsetzungsarbeiten und der hohe Kostenanteil bei der Instandhaltung als großer Nachteil gesehen. Branchenkenner sehen recht häufig höhere Instandhaltungskosten bei den Werkzeugmaschinen als Fertigungskosten. Die Werkzeugmaschinenhersteller haben hier einen enormen Nachholbedarf. Die Zukunft geht in Richtung verbessertes und beschleunigtes Instandhaltungs- und Servicegeschäft. Hier fordern die Produktionsunternehmen eine insgesamt bessere Betreuung seitens der Werkzeugmaschinenhersteller und wartungsfreiere Maschinen. (19)

# Fallbeispiele

## Werkzeugmaschinenbranche Japans mit starken Wachstumssignalen

Mit einem Boom rechnet die japanische Werkzeugmaschinenbranche für das Jahr 2006. Die Bestellungen sollen um 17% auf 1,4 Billionen Yen steigen. Nachdem das Jahr in den ersten Monaten eher moderat verlief, startete die Branche nun mit starken Auslandsbestellungen aus den Sektoren Automobil- und Elektroindustrie durch. Dabei stiegen die Exportaufträge um 22% und die Inlandsaufträge um 17%. Das allgemeine Wachstum der Wirtschaft in Japan schlägt nun bis zu den Werkzeugmaschinenproduzenten durch. (7)

## Philippinen mit gesteigerten

# Werkzeugmaschinenimporten

Starke Investitionen in der heimischen Elektronindustrie und der KFZ-Branche steigern die Einfuhr von Werkzeugmaschinen in die Philippinen. Hier sind 2005 Maschinen im Wert von 178,1 Millionen U.S. Dollar importiert worden. Damit stieg der Importanteil gegenüber 2004 um 25,1%. Dominierend sind in diesem Markt die japanischen Anbieter, jedoch können die deutschen Hersteller eine Zuwachsrate von 38,3% in 2005 bei den Bestellungen gegenüber 2004 vermelden. Auch 2006 werden die Unternehmen von der deutlichen Investitionsaussage der philippinischen Industrie profitieren. (9)

# Südamerika: Mexiko mit höheren Importen

Hochkonjunktur bei den Werkzeugmaschinen melden die Mexikaner mit einem gesteigerten Import von 28% auf knapp 1,5 Milliarden U.S. Dollar in 2005. Die deutschen Maschinenbauer haben von dieser Entwicklung deutlich profitiert. Mit einem Plus von 37% und einem Bestellvolumen von rund 300 Millionen U.S. Dollar sind die deutschen

Werkzeugmaschinenbauer Marktführer bei Bearbeitungszentren. Mit einem weiteren Wachstum ist auch für 2006 zu rechnen. Die exportorientierte mexikanischen Industrie benötigt laufend Werkzeugmaschinen. (10)

## Tschechischer Werkzeugmaschinenmarkt verbreitet gute Stimmung

Eine Investitionswelle in Tschechien belebt 2006 die Importe und zieht die Werkzeugmaschinen dabei mit. Die deutschen Unternehmen lieferten dabei 2005 Metallbearbeitungs- und Umformungsmaschinen im Wert von 121 Millionen Euro. Bereits im ersten Halbjahr 2006 schafften es die deutschen Hersteller auf ein Volumen von 62,1 Millionen Euro. Die Tendenz ist dabei weiter steigend. Fehlende Inlandshersteller und der enorme Bedarf der tschechischen Industrie schaffen für die deutschen Hersteller weiterhin gute Zukunftsaussichten. (11)

## Italien mit erhöhter Nachfrage

## aber mit strukturellen Problemen

Hochkonjunktur-Meldungen kommen vom italienischen Werkzeugmaschinemarkt. Im 2.Quartal 2006 haben die Inlandsaufträge um knapp 60% gegenüber dem Vorjahresvergleich zugelegt. Dabei sind die Auftragsbücher der italienischen Hersteller prall gefüllt. Von diesem Trend profitieren auch die deutschen Unternehmen. Lieferanten aus Deutschland konnten bereits 2005 den Anteil von 28% auf 29% bei Importen anheben. (12), (16)

## Australien kauft wieder Werkzeugmaschinen

Steigende Investitionen im Bergbausektor und infrastrukturelle Investitionen führen derzeit zu einer Belebung in der Nachfrage nach Werkzeugmaschinen in Australien. Dabei muss der überwiegende Teil von Maschinen importiert werden. Hier sind die Hauptlieferländer Japan, Deutschland, USA und Italien. Trotz der Dominanz der deutschen Unternehmen, die teilweise den ersten Platz belegen, haben die Wettbewerber aus Asien, allen voran China, Taiwan und Südkorea, zugelegt. Größter Wettbewerber für die Unternehmen ist der heimische

Hersteller ANCA Pty. Ltd. Das Unternehmen hält auch Niederlassungen in Deutschland. (13)

# Russland entwickelt sich zum interessanten Markt für Werkzeugmaschinen

Die Metalloobrabotka, die derzeit größte Maschinenmesse in Russland, zeigte das derzeit starke deutsche Engagement und Interesse für den russischen Markt. Mit rund 90 Ausstellern platzierten sich die deutschen Hersteller hier als stärkste Gruppe. Was sich auf der Fachmesse zeigt, spiegelt der russische Markt ebenfalls sehr deutlich in Zahlen wieder. Über ein Drittel der Werkzeugmaschinenimporte kommt aus Deutschland. 2004 lieferten bereits die deutschen Unternehmen Werkzeugmaschinen im Wert von 102 Millionen Dollar nach Russland. Für 2005 stieg die Einfuhr weiter um 8% und erreiche mit Peripherie und Zubehör eine Größe von 202 Millionen Dollar. Für Branchenkenner ist der russische Markt aufgrund der dynamischen Entwicklungen einer der derzeit interessantesten Märkte weltweit. (14)

## Deutsche Unternehmen trotzen Hongkongs Marktabkühlung

Nachdem sich der Handel mit Werkzeugmaschinen 2005 enttäuschend entwickelte, konnten deutsche Unternehmen entgegen dem Trend mit Lieferungen in Höhe von 35 Millionen einen Zuwachs von 22% erzielen. Damit landen die deutschen Firmen auf dem traditionell durch Japaner besetzten Markt auf den vierten Platz in 2005. Hong Kong kämpft seit Jahren mit der Verlagerung von Industrie- und Produktionsanlagen nach Südchina. Diese Entwicklung schlägt auf die Nachfrage von Werkzeugmaschinen deutlich durch. (8)

## Zahlen & Fakten

Produktionsvolumen der deutschen Werkzeugmaschinenindustrie nach Maschinenarten 2005

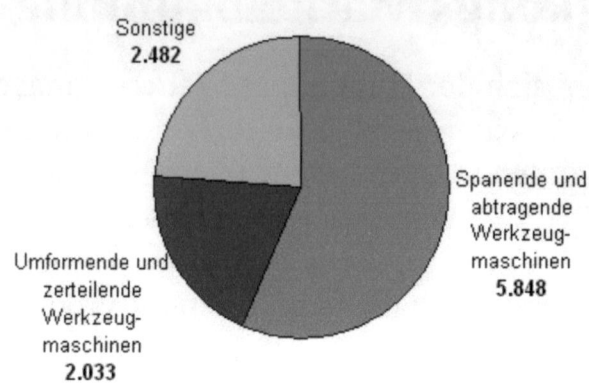

Quelle: VDW, VDMA, stat. Bundesamt, ifo-Institut

Entnommen aus: Handelsblatt, Mittelstand, 11.09.2006, S. 1

Entwicklung der deutschen Werkzeugmaschinenindustrie

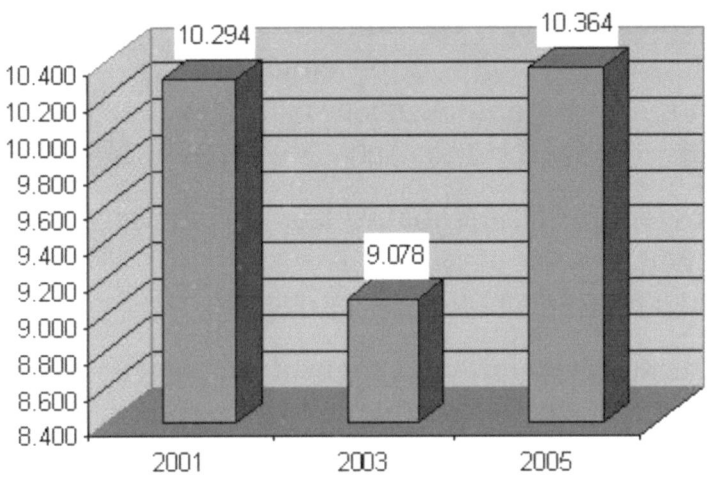

Quelle: VDW, VDMA, stat. Bundesamt, ifo-Institut

Entnommen aus: Handelsblatt, Mittelstand, 11.09.2006, S. 1

# Weiterführende Literatur

(1) Werkzeugmaschinen Prestige aus Deutschland für Geschäfte in Fernost
aus HANDELSBLATT online 11.10.2006 09:17:36

(2) VDW erwartet Wachstum Inlandsnachfrage stützt

Werkzeugmaschinenbau
aus Börsen-Zeitung, 20.09.2006, Nummer 181, Seite 12

(3) Reifenberger, S., Werkzeugmaschinen - Ein halbes Dutzend Mittelständler unter einem Dach, HANDELSBLATT online 20060915 07:00:00
aus Börsen-Zeitung, 20.09.2006, Nummer 181, Seite 12

(4) Werkzeugmaschinenbauer Konkurrenz schweißt zusammen
aus HANDELSBLATT online 12.09.2006 07:01:15

(5) Werkzeugmaschinen In mehr Ruhe liegt die Kraft
aus HANDELSBLATT online 13.09.2006 07:02:58

(6) Der Werkzeugmaschinenbau glänzt
aus Frankfurter Allgemeine Zeitung, 20.06.2006, Nr. 140, S. 14

(7) Japan erwartet kräftige Nachfrage nach Werkzeugmaschinen
aus Frankfurter Allgemeine Zeitung, 20.06.2006, Nr. 140, S. 14

(8) Hongkongs Werkzeugmaschinenhandel kühlt ab
aus Frankfurter Allgemeine Zeitung, 20.06.2006, Nr. 140, S. 14

(9) Phillippinen steigern Werkzeugmaschinenimporte
aus Frankfurter Allgemeine Zeitung, 20.06.2006, Nr. 140, S. 14

(10) Mexiko importiert mehr Werkzeugmaschinen

aus Frankfurter Allgemeine Zeitung, 20.06.2006, Nr. 140, S. 14

(11) Gute Stimmung in Tschechiens Werkzeugmaschinenbau
aus Frankfurter Allgemeine Zeitung, 20.06.2006, Nr. 140, S. 14

(12) Werkzeugmaschinen in Italien wieder gefragt
aus Frankfurter Allgemeine Zeitung, 20.06.2006, Nr. 140, S. 14

(13) Australien kauft mehr Werkzeugmaschinen
aus Frankfurter Allgemeine Zeitung, 20.06.2006, Nr. 140, S. 14

(14) Aha-Erlebnis nach 16 Jahren - Der russische Markt wird für deutsche Werkzeugmaschinen wieder interessant
aus fertigung, Heft 9/2006, S. 130-132

(15) Trendbericht: Rekonfigurierbare Werkzeugmaschinen Verwandlungskünstler
aus WB Werkstatt und Betrieb, Heft 9/2006, S. 58-67

(16) Italiens Werkzeugmaschinenbranche hat Strukturprobleme Die Dauerplage mit der Globalisierung
aus Industrieanzeiger, Heft 39, 2006, S. 37

(17) 2006 – Boomjahr für Werkzeugmaschinen
aus Technische Rundschau Nr.18/2006

(18) Deutsche Werkzeugmaschinen im Allzeithoch
aus VDI NR. 38 VOM 22.09.2006 SEITE 21

(19) Die Wüste lebt - fertigung diskutiert mit
Branchenexperten zum Thema
"Werkzeugmaschinenservice"
aus fertigung, Heft 6/2006, S. 132-135

# Impressum

## Werkzeugmaschinen 2006 - Boomjahr mit neuen Herausforderungen für die Branche

**Bibliografische Information der deutschen Nationalbibliothek**

Die Deutsche Nationalbibliothek verzeichnet diese Publikation in der deutschen Nationalbibliografie; detaillierte bibliografische Daten sind im Internet über http://dnb.d-nb.de abrufbar.

ISBN: 978-3-7379-2595-2

© 2015 GBI-Genios Deutsche Wirtschaftsdatenbank GmbH, Freischützstraße 96, 81927 München, www.genios.de

Alle Rechte vorbehalten. Dieses Werk ist einschließlich aller seiner Teile – z.B. Texte, Tabellen und Grafiken - urheberrechtlich geschützt. Jede Verwertung außerhalb der Grenzen des Urheberrechtsgesetzes bedarf der vorherigen Zustimmung des Verlags. Dies gilt insbesondere auch für auszugsweise Nachdrucke, fotomechanische Vervielfältigungen (Fotokopie/Mikroskopie), Übersetzungen, Auswertungen durch Datenbanken oder ähnliche Einrichtungen und die Einspeicherung und Verarbeitung in elektronischen Systemen.